REINALDO DOMINGOS

MESADA EM JOGO

COMO A MESADA CONTRIBUI PARA
A REALIZAÇÃO DOS SONHOS

dsop
editora

Presidente
Reinaldo Domingos

Redatora
Renata de Sá

Coordenadora editorial
Laila Mascarenhas

Editora de texto
Catarina Arimateia

Editora de arte
Marisa Corazza

Ilustrações
Orlando Pedroso/Estúdio Bala

Revisão de texto
Ana Paula Felippe

dsop editora

Rua Alba, 88 - Parque Jabaquara
São Paulo - SP - Brasil
CEP: 04346-000
www.editoradsop.com.br

Dados Internacionais de Catalogação na Publicação (CIP)
(Câmara Brasileira do Livro, SP, Brasil)

Domingos, Reinaldo
Mesada em jogo : como a mesada contribui para a realização dos sonhos / Reinaldo Domingos ; ilustrações Orlando Pedroso. -- São Paulo : Editora DSOP, 2023.

ISBN 978-85-8276-587-6

1. Dinheiro - Literatura infantojuvenil
2. Finanças - Literatura infantojuvenil I. Pedroso, Orlando. II. Título.
23-172474 CDD-028.5

Índices para catálogo sistemático:
1. Educação financeira : Literatura infantojuvenil 028.5
2. Educação financeira : Literatura juvenil 028.5
Cibele Maria Dias - Bibliotecária - CRB-8/9427

DEDICO ESTA HISTÓRIA PARA
AQUELES QUE JÁ QUISERAM TANTO
REALIZAR ALGO E ACABARAM
DESCOBRINDO QUE AQUELE ERA
SEU VERDADEIRO SONHO.

TEVE UM
7X1
NESSA COPA...
E?

SUMÁRIO

1

MARCAÇÃO

O dia começou cedo na casa da família Reis. Enquanto Maria, Lelê e Titi já tomavam o café da manhã, empolgados com o último dia atarefado antes do início das férias de verão, Nico apareceu na cozinha ainda de pijama.

– Bom dia, pessoal – o garoto disse.

– Boa tarde, né? – respondeu Lelê, pela demora do irmão em se levantar.

– Vem tomar o café da manhã – ordenou a mãe.

Desde que as crianças souberam que Maria também havia conseguido férias do trabalho no mesmo período que as escolares, todos pareciam superempolgados com as possibilidades de diversão. Exceto Nico. O garoto estava contente com o fim do ano letivo, mas, diferentemente dos irmãos e até mesmo da mãe, que já tinham imaginado diversos planos, Nico ainda estava na dúvida.

Enquanto Titi riscava no calendário mais um dia que passou, o garoto viu que Nico ainda não tinha escrito nada na lista de sonhos de verão dele.

– Nenhum item, Nico, nada? – questionou Titi, incrédulo pela apatia do irmão mais velho.

– Escolhe pelo menos um – disse Lelê.

Nico respirou fundo, andou até a geladeira, abriu a porta e pegou a garrafa de leite.

– Ai, eu não acredito em você – respondeu Titi ao desaforo do irmão enquanto sacudia a canetinha no ar.

Nico sentou-se à mesa, colocou o leite no copo e o tomou calmamente, enquanto o irmão mais novo ainda estava parado em pé ao lado da geladeira.

Ao notar que não estava conseguindo nenhum resultado, Titi também se sentou à mesa e foi a vez de Lelê tentar.

– Vamos, Nico, minhas amigas e eu ficaremos as férias inteiras no clube aproveitando a piscina, inclusive eu quero aprender a nadar todos os estilos de natação – disse Lelê.

– Todos? – Nico perguntou.

– Sim, além disso, a reforma do novo toboágua foi concluída – disse ela, entre uma mordida e outra em um sanduíche de queijo. – Vai ser demais!

– Parece legal – foi o que Nico respondeu ao comentário da irmã.

Nem mesmo a possibilidade de usar um toboágua novíssimo fez surgir o interesse de Nico, que deu de ombros para a irmã.

– Mãeeee??? – questionou Lelê.

Foi então a vez de Maria tentar convencer o filho a dizer o que estava planejando para as férias de verão. Ela contou que esta seria uma oportunidade incrível porque todos estariam no período de descanso e as atividades ao ar livre poderiam ser prolongadas. E que, apesar de já ter planejado algo para ela mesma, a família teria mais tempo para ficar unida.

– Você lembra, Nico, como foram as férias escolares anteriores? – Maria perguntou.

– O vovô Amadeu precisou ficar aqui porque tanto a mamãe quanto o papai estavam trabalhando – disse Titi de forma apressada.

– Sim, Titi. E o que aconteceu? – questionou ela.

– Ah, como o vovô não estava muito bem de saúde, passamos as férias dentro de casa – lembrou Titi.

– O Nico e o Titi jogaram ***videogame*** o dia todo – lembrou Lelê.

– E você, Lelê, ficou maratonando séries e mexendo no celular – rebateu Titi.

Quando, finalmente, Nico estava pronto para falar, disse meio gaguejando:

– É que... que... – começou.

– Anda, Nico, desembucha – disse Titi de forma impaciente.

– Calma, Titi, deixe seu irmão respirar um pouco. O que você quer fazer nas férias de verão, filho? – Maria questionou.

– É que eu ainda não sei – Nico revelou.

Titi levantou-se novamente da mesa e caminhou em direção à porta da geladeira. O garoto apontava para o calendário e dizia que todos tiveram o mesmo período para pensar.

– Olha quantos dias, Nico – Titi falava e apontava ainda mais para o calendário.

– Eu sei, irmão – respondeu Nico.

– Não é possível que você não tenha pensado em nada – afirmou Titi, inconformado.

Foi então a vez de Nico se levantar e caminhar até a porta da geladeira, onde se encontrava o calendário e a lista de sonhos de verão da família Reis.

– Se eu não consegui pensar em nada, você pensou em coisas demais. Primeiro, caratê; depois, patins; e agora, futebol. Na semana que vem será o quê? – Nico questionou.

– Ué, eu tenho muitos sonhos, irmão – retrucou Titi.

– Mas você está de marcação muito forte em mim. Eu vou escolher algum sonho, mas você precisa me dar um pouco de espaço. Se continuar em cima, de marcação, eu não vou conseguir enxergar as minhas possibilidades e encontrar o que realmente quero fazer – Nico desabafou.

– De marcação? Como assim? – foi a vez de Titi perguntar.

Nesse instante, Nico saiu da cozinha, caminhou até o quarto dele, retornando em seguida com uma porção de papel autoadesivo nas mãos. O garoto parou de frente para Titi e falou:

– Esse tipo de marcação.

Maria e Lelê, ainda sentadas, começaram a rir muito. Por fim, Maria perguntou do que se tratava.

– Esses são os bilhetes diários que o Titi tem colado na porta do meu quarto, no meu travesseiro, na minha mochila, até mesmo dentro do meu tênis, com sugestões do que ele acha que eu deveria fazer nas férias.

Olhando para a quantidade imensa de papéis, Titi percebeu que pegou pesado com o irmão mais velho.

– Eu só queria que você escolhesse algo – disse.

– Titi, você deve desculpas ao seu irmão, não acha? – Maria questionou o filho caçula.

– Me desculpe – ele falou, mas ainda sim balançando a caneta no ar, esperando uma resposta sincera do irmão.

– Você não tem jeito – Nico bufou.

Para encerrar a discussão, ele pegou a caneta da mão de Titi e escreveu na lista de sonhos o que faria nas férias. Em seguida, foi ao quarto para se arrumar para o último dia de aula.

2

O CAPÍTULO VAI ABORDAR A MESADA VOLUNTÁRIA.

CARA OU COROA

O capítulo vai abordar a Mesada Voluntária, um dos oito tipos de mesada criados por mim, Reinaldo Domingos. Sabe aquele dinheiro que você recebe de forma aleatória dos seus pais ou responsáveis? Trata-se de uma quantia pequena, esporádica e sem valor definido. Essa ação serve para que você, desde cedo, se acostume com o nosso sistema monetário e perceba que, para adquirir algo, é preciso pagá-lo com dinheiro. Esse tipo de mesada pode ser introduzida na rotina de uma criança a partir dos 3 anos de idade.

No primeiro dia de férias, que coincidiu com um sábado, a família de Nico estava superempolgada com a possibilidade de colocar em prática os sonhos que planejaram ao longo do último mês. Naquele dia, ficou combinado que Paulo levaria Lelê e Titi para o Clube Esportivo de Guatinga.

Lá, o ex-marido de Maria acompanharia Titi na aula inaugural da escolinha de futebol do clube. Já Lelê, acompanhada das amigas e da mãe de uma delas, permaneceria na piscina. Enquanto isso, Maria iria para o abrigo onde resgataram Churros, o cachorro, e Azeitona, o gato da família, e participaria, como voluntária, de um mutirão de castração.

– Crianças, o pai de vocês está chegando. Já estão prontos? – Maria gritou da cozinha, enquanto os filhos terminavam de se arrumar no quarto.

Desde a adoção dos animais, ela quis participar mais da rotina dos abrigos da região; porém, com o trabalho diário como vendedora autônoma e a rotina de mãe solo de três filhos, a vontade de ajudar acabava sempre ficando em segundo plano.

Só Nico mesmo que ainda não havia decidido o sonho dele. O garoto, para falar bem a verdade, não sabia nem o que gostaria de fazer naquela manhã de sábado: se iria para o abrigo dos animais com a mãe ou para o clube com o pai e os irmãos.

Quando o interfone tocou e a portaria informou que Paulo estava aguardando as crianças, Nico decidiu escolher no cara ou coroa. Se desse cara, ele iria com a mãe. Já coroa, com o pai.

– Mãe, me dá uma moeda – disse Nico.

– Eu já não te dei um trocado ontem? – a mãe questionou.

– Sim, mas eu preciso de outra.

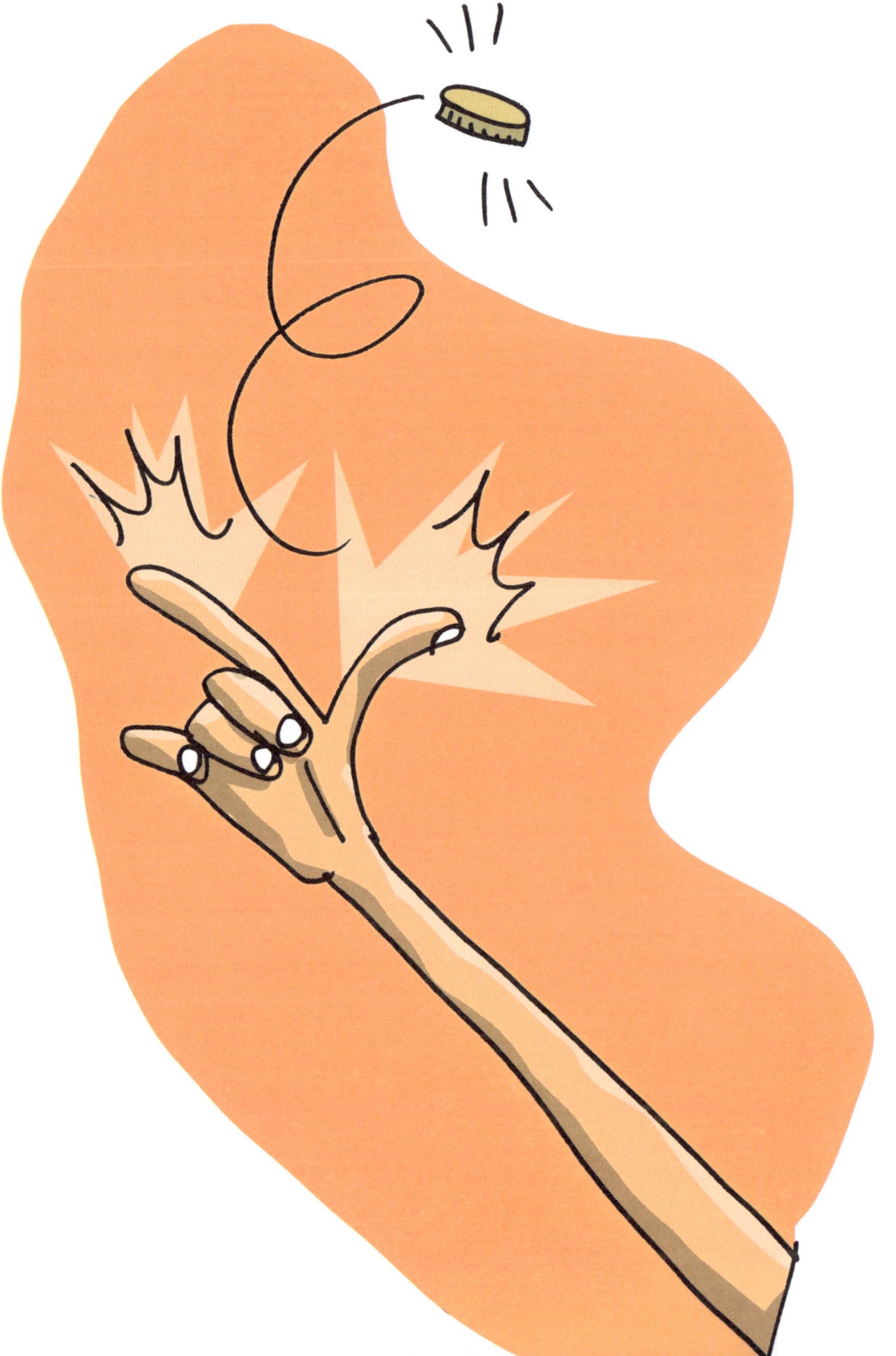

– Tá bem – ela disse. – Toma uma para você, uma para a Lelê e outra para o Titi.

É que Maria tinha o costume de dar aos filhos, de forma aleatória, as moedas que sobravam das compras para que eles gastassem em algo de pequeno valor, como um doce.

Dentro do elevador, ele jogou a moeda para o ar.

Quando chegou ao térreo, Nico já estava com o objeto nas mãos.

– Coroa – disse em um tom de voz tão baixo que só ele mesmo ouviu.

– Decidiu Nico? – Maria perguntou.

– Vou com o papai. Tchau, mãe – respondeu Nico, já se despedindo dela.

– Eu vou na frente – disse Lelê.

Nico e Titi se sentaram no banco de trás. Assim que Paulo deu partida no carro, Titi pediu para ligar o rádio.

– Eu escolho a rádio, Lelê – resmungou Titi. – Você só ouve a mesma estação.

Paulo, ao notar que Lelê e Titi estavam prestes a iniciar uma discussão, disse:

– Vamos votar.

Nico, então, usou novamente a moeda para outro cara ou coroa para ver quem escolheria a música.

– Coroa. Você ganhou Lelê.

O caminho até o clube foi rápido. Assim que chegaram lá, as garotas já aguardavam Lelê. Antes de Paulo e Titi seguirem para o campinho de futebol, Nico usou mais uma vez a moeda para escolher entre a água ou a bola. Por fim, ele seguiu o irmão mais novo e o pai.

– Letícia, sua mãe chega por volta das 16h30. Fique de olho para não perder a hora – orientou Paulo ao se despedir da filha.

– Combinado – disse Lelê, garantindo ao pai que olharia as mensagens. – Boa sorte lá, Titi. Acabe com eles – finalizou sorrindo.

– Pode deixar, maninha – respondeu Titi ao pedido de Lelê, com um leve sorriso.

Assim que chegaram ao gramado do campinho de futebol, Titi já pegou uma das bolas e, com o auxílio do pai, iniciou uma brincadeira de chute ao gol.

Nico notou que o pai parecia genuinamente feliz, como não o via há bastante tempo, desde antes do divórcio. O garoto sentou-se na arquibancada e apenas observou os dois brincarem. De tão distraído, ele nem notou quando o técnico Leonardo se aproximou.

– Não vai jogar? – questionou.

Nico apenas levantou os pés, mostrando que estava de chinelos. Para o técnico aquilo não era um impeditivo. Leonardo contou que ele podia pegar uma chuteira emprestada no vestiário, pois muitas crianças acabavam esquecendo e o clube disponibilizava alguns pares extras.

De chuteiras, Nico escolheu no cara ou coroa se entraria ou não no gramado. Mas aquilo era apenas protocolo; afinal, ele já havia decidido. Tanto é que, quando a moeda bateu na palma da mão dele, Nico já nem se lembrava mais de qual lado tinha escolhido para entrar ou ficar de fora.

O garoto não apenas gostou, como se divertiu muito com o irmão mais novo e, como já estava aquecido, segundo ele mesmo disse, optou por ficar até o fim da aula. O técnico reparou nas habilidades de Nico com a bola e sugeriu ao pai que o trouxesse mais vezes.

– Vamos organizar um campeonato de futebol, e acredito que Nico poderia participar dele – revelou Leonardo. – Não é sempre, mas em algumas competições aparecem olheiros de pequenos clubes da região em busca de novos talentos. Já treinamos um garoto que foi escolhido por um time de base e, hoje em dia, antes mesmo de completar 18 anos, joga fora do país – pontuou.

Paulo ouviu o técnico enquanto aguardava Nico e Titi saírem do gramado.

– Vamos ver. Vamos ver – finalmente disse.

Por algum motivo, Paulo decidiu não revelar ao Nico a conversa com o técnico. Ele pensou que Titi poderia ficar chateado porque, afinal, aquele era o sonho do irmão mais novo, e não de Nico. Mas, no fundo, bem lá no fundo, Paulo sabia que não era nada daquilo.

3

O CAPÍTULO VAI ABORDAR A MESADA ECONÔMICA.

CARTÃO AMARELO

O capítulo vai abordar a Mesada Econômica. Modelo bastante democrático, pode ser facilmente aplicado, não importando a condição financeira ou social da família. Isso porque o foco principal é a economia. Sabe quando deixamos a luz acesa de forma desnecessária? Ou quando demoramos um pouco mais no banho? A Mesada Econômica procura servir de alerta para que você e sua família percebam pontos de desperdício e façam ajustes necessários para evitá-los. Ao mudar o comportamento, o valor poupado é 'devolvido' à família.

Após mais algumas idas ao clube, Titi percebeu que não queria usar as férias inteiras dele para aprender a jogar bola. No entanto, ainda sem descobrir o seu verdadeiro sonho, o garoto participava das atividades dos irmãos e da mãe. Um dia, estava no abrigo; no outro, no campinho de futebol; e no outro, na piscina.

Já Nico parecia cada vez mais empolgado com as aulas. Ele gostava tanto que, mesmo quando não ia para a escolinha de futebol, não parava de treinar os dribles, as jogadas ensaiadas e os chutes a gol na quadra do prédio onde morava. Lelê também estava cada vez mais rápida na água e começou a dominar o passo a passo de alguns estilos de natação, como o nado borboleta, o favorito dela.

Mas a única que não sentia, verdadeiramente, que estava realizando um sonho era Maria.

Apesar do período de férias no trabalho, ela notou que passava quase o dia todo em função de Lelê, Nico e Titi. Afinal, algum adulto precisava acompanhá-los nas tarefas. Além disso, quando voltavam para casa, todos estavam bem exaustos das suas atividades e acabavam deixando para ela os cuidados com a casa, como arrumar os quartos, tirar o lixo, limpar os potes de ração e de água dos animais. Maria ainda notou um excesso no consumo de delivery e, pior, um desperdício de comida.

Na manhã seguinte, quando os filhos foram até a cozinha para tomar o café da manhã, Maria, em pé, perto da pia, mostrou para eles um cartão amarelo.

– Não vamos sair hoje – disse ela.

– O quê? Por quê? – Lelê foi a primeira a questionar. – E que cartão é esse?

– Mãe, eu tenho treino de futebol hoje. Se eu não aparecer, aí sim vou tomar um cartão amarelo do técnico – relatou Nico.

– Podemos pedir o café da manhã pelo aplicativo, pelo menos? – quis saber Titi.

Maria pediu aos filhos que olhassem em volta e reparassem o desperdício dentro de casa.

– Vocês cometeram uma baita falta e estão proibidos de ir ao clube hoje – relatou Maria.

Notando os olhares aflitos dos filhos, questionou:

– Quando foi a última vez que algum de vocês tirou o lixo?

Lelê, a mais velha, respondeu que o lixo não era esvaziado havia mais de três dias. E, apesar de não combinarem tarefas específicas entre eles, todos sabiam da importância de cuidar da casa e dos animais.

– Como ninguém retirou o lixo, percebi a quantidade exagerada de *fast food* que temos consumido nos últimos dias. E, para piorar, vi alimentos estragados – ela revelou após notar vários potes dentro da geladeira e na pia da cozinha com comida vencida.

Maria também mostrou aos filhos que nenhum deles tem cuidado dos itens de higiene do Churros ou do Azeitona, sobrando tudo para ela. Ou mesmo dos próprios quartos. Após uma rápida passada em cada cômodo, Lelê, Nico e Titi compreenderam a frustração da mãe.

– Me desculpe – Nico foi o primeiro a dizer. – Eu fiz uma jogada errada e mereci esse cartão amarelo.

– Desculpe! – disseram Lelê e Titi, concordando com o irmão.

Após tomarem o café da manhã, todos colaboraram com a organização da cozinha, inclusive retirando os itens estragados da geladeira e levando o lixo para fora. Ao perceber que os filhos estavam dispostos a economizar, ela propôs que o dia fosse de planejamento.

Assim como eles criaram um plano e as etapas para a realização dos sonhos de verão, a matriarca esclareceu como seria possível usar o mesmo caminho para tornar as tarefas diárias viáveis e os gastos, mais econômicos.

– Alguém tem alguma sugestão? – perguntou.

– Podemos tomar café da manhã todos os dias em casa, consumindo, inclusive, os itens antes de estragar – Titi respondeu.

– Certo. E o que mais? – a mãe perguntou mais uma vez.

Agora foi Lelê quem pediu a palavra:

– Mãe, eu notei que tenho deixado meus maiôs de natação molhados no boxe. Além do mau cheiro, eles estragam mais facilmente – disse Lelê um pouco envergonhada pela atitude.

– Tem razão, Letícia. Você pode evitar o gasto de recursos materiais colocando-os no varal para uma secagem correta – pontuou a mãe, lembrando a filha de que as peças de roupas não devem ser lavadas no chuveiro, porque isso consome muita água e energia elétrica.

Notando que tanto Titi como Lelê perceberam os equívocos cometidos, foi a vez de Nico dizer algo:

– Mãe, sei que não é desculpa, mas tenho chegado tão cansado dos treinos a ponto de dormir sem guardar as roupas passadas no guarda-roupas. Muitas vezes, eu só empurro as peças para um cantinho da cama e, na manhã seguinte, elas estão completamente amassadas, quando não estão jogadas pelo quarto.

– É isso mesmo, filho, isso não é desculpa, porque, muitas vezes, eu preciso passar novamente aquela peça de roupa. Em alguns casos, tenho de lavar novamente. Ou pior: em alguns raríssimos casos, mas que sabemos que acontece, o Churros ou mesmo o Azeitona podem danificar a peça, causando um prejuízo ainda maior.

Após a conscientização do trio, ficou mais fácil elencar quais itens cada um poderia observar e como poderiam contribuir dentro de casa. Eles perceberam que, se fizessem um esforço coletivo, não ficaria pesado para ninguém, assim, todos poderiam aproveitar de verdade as férias de verão.

Para finalizar a conversa, Maria propôs um combinado aos filhos:

– E se, após uma mudança de verdade dentro de casa, a gente usasse o dinheiro economizado para fazer algo bem divertido?

– Tipo o quê? – quis saber Nico.

– O que vocês decidirem – respondeu Maria.

– Qualquer coisa? Quis saber Titi.

Notando que talvez os filhos tivessem compreendido mal a intenção do combinado, Maria explicou que evitando o desperdício de alimentos, tomando banhos curtos e preservando os itens pessoais, por exemplo, o valor poupado seria revertido para a realização de um desejo deles.

– Todo o dinheiro poupado? – questionou Nico.

– Vamos supor que a economia seja de R$ 200. Isso quer dizer que podemos usar metade do valor para ir ao zoológico ou ao cinema, por exemplo, e a outra metade pode ser direcionada para a mesada financeira de vocês – a mãe disse.

– É como um ganho extra – disse Nico.

– Mais ou menos, filho – a mãe retrucou.

Como a família Reis era educada financeiramente, Lelê, Nico e Titi recebiam mesada dos pais. Trata-se da entrega periódica, em dinheiro ou não, que uma pessoa doa para a outra.

Maria explicou aos filhos que esse combinado era um pouco diferente porque, no caso da Mesada Financeira, havia um valor fixo mensal estabelecido. Já na Mesada Econômica, não havia um limite: quanto mais economia, maior seria o valor recebido. Os olhinhos dos três brilharam com a possibilidade de realizar o que quisessem, bastando apenas o esforço de cada um.

Nico, Lelê e Titi aceitaram o combinado e, de certa forma, até acharam bom aquele cartão amarelo, pois perceberam os erros que estavam cometendo e buscaram alternativas que tornassem aquelas férias de verão um verdadeiro sonho.

4

O CAPÍTULO VAI ABORDAR A MESADA SOCIAL.

GOLAÇO

Sabe quando as pessoas dizem que estão na hora e no lugar certos? É basicamente o mesmo sentimento que este tipo de mesada proporciona. Nela, o mais importante é onde a criança ou o jovem escolheu estar e com quem, buscando ajudar o próximo em um sonho social. A Mesada Social se destaca pelo seu caráter coletivo e humanitário.

Após o cartão amarelo – melhor dizendo, a bronca que Nico, Lelê e Titi tomaram –, as coisas melhoraram bastante em casa. Todos os dias, antes de seguirem para as atividades de lazer, os três arrumavam a própria cama e tomavam o café da manhã em casa, priorizando sempre descascar mais do que desembalar os itens consumidos.

Além disso, ficou estabelecido que a família, em uma das refeições fora de casa, levaria o que fosse preparado em casa. E que, a cada dia, era responsabilidade de um deles organizar e separar os lanches, as frutas e os sucos.

Naquela manhã, era a vez de Nico preparar e, enquanto os irmãos tomavam o café, a mãe do garoto propôs que todos a acompanhassem na visita ao abrigo de animais de Guatinga.

– Hoje é um dia muito especial – iniciou Maria, relembrando aos filhos de onde o cachorro Churros e o gato Azeitona vieram.

– Por que, mãe? O que vai acontecer lá? – quis saber Nico.

– Várias coisas, meu filho. Uma ninhada de gatinhos, que foi resgatada e tratada, receberá alta da enfermaria e poderá se juntar aos demais felinos – disse.

– Oba... Podemos brincar com os filhotinhos – Titi dizia enquanto corria em volta da mesa da cozinha de tanta felicidade. – Eu quero, eu quero – finalizou.

– Sim, mocinho. Se acalme. Não será apenas isso – esclareceu a mãe.

Maria contou aos filhos que o dia todo no abrigo seria dedicado à adoção responsável dos animais. Logo, eles teriam de se organizar e colaborar com os outros voluntários.

– Para fazer o quê? – Nico perguntou.

– Várias coisas, Nico. A ação de hoje tem um caráter coletivo. Vocês podem realizar o cadastro dos interessados em adotar. Ou responder a dúvidas sobre os animais e, com bastante sorte, prepará-los para viver em um novo lar.

– Isso parece chato – disse Lelê um pouco emburrada, porque planejava treinar alguns mergulhos na piscina do clube, já que naquela manhã não haveria aula de natação.

– Lelê, vamos passar o dia com filhotinhos – rebateu Titi, inconformado com a atitude da irmã.

– Sim, Titi, o abrigo conta com alguns filhotes. Mas se lembre: nem todos são tão novinhos. Existem animais bem velhos e debilitados, abandonados pelos donos – lamentou Maria.

– Sim, como o Churros. Por causa da condição dele, ninguém queria adotá-lo – lembrou Titi.

– Isso mesmo. Mas a gente quis. E decidimos tornar a vida dele muito mais feliz, não é mesmo? – questionou Maria.

– Certíssima, mãe – respondeu Titi, bastante feliz pela atitude.

Quando todos estavam prontos, eles partiram para o abrigo. Além de fazerem o bem por meio de uma atividade gratificante, a mãe de Nico estava contente com mais essa ação em família. E, melhor ainda, era uma atividade com enormes vantagens financeiras, pois não havia nenhum gasto. Porém, para a grande decepção deles, quando chegaram ao abrigo, não havia quase voluntário algum.

– O que houve, mãe? – perguntou Titi.

– Acho que nem todo mundo está disposto a ajudar o próximo – lamentou.

Para piorar a situação, após mais de uma hora da abertura da feira de adoção, ninguém – absolutamente ninguém – entrou no abrigo, nem mesmo para pedir informações. O que acontece, na verdade, é que algumas pessoas procuram esse tipo de local querendo animais de raça.

– Existem cachorros e gatos de raça em abrigos para adoção? – Nico perguntou bastante confuso; afinal, um animal de raça tem um gasto elevado, e na cabeça do garoto não fazia sentido poupar dinheiro para adquirir um animal e depois abandoná-lo.

– Com certeza. Algumas pessoas não se importam com os animais nem com o valor gasto – começou Maria. – Mas a grande maioria dos animais é composta por uma mistura de raças, os chamados SRD (sem raça definida), que são os nossos simpáticos vira-latas, ou mesmo animais maiorzinhos, o que acaba frustrando os possíveis tutores, que desistem da adoção – argumentou.

– Tive uma ideia – disse Nico. – Vem, gente, vai ser um golaço – ele insistiu para seus irmãos se levantarem.

– Vamos fazer uma *live* mostrando os animais e contando um pouco sobre o que está acontecendo hoje – o garoto disse.

Lelê e Titi toparam na hora. Além de sacudirem um pouco aquele sábado completamente parado, eles sabiam que a ideia de Nico poderia realmente funcionar. Maria, ao ver os filhos tão engajados em uma atividade social, ficou bastante emocionada e se propôs a ajudar também.

– Titi, vamos começar pelos cachorros. Você entra no cercadinho deles e começa a interagir com os animais. Depois, passamos para a Lelê, brincando com os gatinhos – disse Nico, tentando dirigir cada cena que entraria ao vivo para os seguidores do abrigo nas redes sociais.

– O que eu faço, Nico? – perguntou Maria.

– Hum, já sei, mãe. Você vai escolher um gato e um cachorro e contar para as pessoas que estão assistindo como tem sido o trabalho de resgate e de cuidados com esses animais – respondeu ele.

Ao notar a iniciativa da família Reis, os poucos voluntários do abrigo pegaram alguns itens de decoração para enfeitar o lugar. Eles também colocaram alguns adereços nos animais para deixar a *live* ainda mais engraçada.

Assim que a transmissão começou, Titi pegou o cachorro mais velhinho do abrigo e jogou uma bolinha de tênis para ele. Não foi uma surpresa quando, mesmo de forma bastante lenta, o cão pegou a bolinha e a levou de volta ao garoto, demonstrando que, apesar da idade avançada, ele só precisava ser amado e cuidado.

– Tá filmando isso, Nico? – Titi perguntou.

– Com certeza, mano – ele respondeu.

Algo semelhante aconteceu com os gatinhos. Lelê preferiu brincar com os filhotinhos que tinham acabado de voltar da enfermaria. Por fim, foi a vez de Maria. Bastante tímida, ela segurou um filhotinho enquanto acariciava um cachorrão deitado no colo dela e contou sobre a realidade do abrigo e a importância da adoção consciente.

As pessoas ficaram interessadas e enviaram perguntas durante a *live*. Várias se comprometeram a dar uma passada no abrigo para ver de perto os animais. Este, com certeza, foi um golaço – além da realização de um verdadeiro sonho social para família de Nico.

5

O CAPÍTULO VAI ABORDAR A MESADA DE TROCA.

SUBSTITUIÇÃO

Você sabia que antigamente, quando ainda não existia o sistema financeiro, as pessoas praticavam o 'escambo'? Isto é, a troca de produtos entre si. Se alguém tivesse arroz em excesso, trocava por feijão ou farinha com outra pessoa. Na Mesada de Troca ocorre a mesma coisa! Você pode oferecer um jogo ou um brinquedo, em bom estado e que não deseja mais, para adquirir algo em troca, sem a necessidade de usar dinheiro.

Após a atividade em família ter dado tão certo, Maria resolveu propor outro combinado aos filhos. Como cada um tinha pensado e planejado algo que gostaria de realizar durante as férias de verão, ela sugeriu que todos os membros da família acompanhassem a realização daquele sonho.

A ideia foi muito bem-aceita; afinal, Lelê, Nico e Titi já tinham, mais ou menos, feito isso quando participaram do sonho da mãe, no abrigo de animais.

– Agora será a minha vez – disse Nico, logo após a proposta de Maria.

– Mas eu queria ser o primeiro – rebateu Titi, um tanto incomodado com a postura do irmão.

De fato, Nico tinha razão em ser o primeiro da fila. Isso porque as aulas na escolinha de futebol do clube estavam indo muito bem, inclusive o time dele já tinha disputado e ganhado algumas partidas contra outros times. E naquela noite faria um grande jogo contra o time de um clube esportivo vizinho.

Ainda em casa, Nico lembrou a família de que precisaria chegar mais cedo e permanecer com o time na concentração.

– E o que nós vamos ficar fazendo enquanto o Nico se concentra? – questionou Lelê com bastante deboche ao pronunciar "se concentra".

– Lelê, você sabe muito bem que essa expressão é usada no futebol de base apenas para garantir que todos os jogadores estejam no vestiário ao mesmo tempo e para que o técnico repasse as informações principais antes da partida – respondeu Nico ao desaforo da irmã.

– Tá, Nico. Até parece que vocês estão prestes a jogar uma Copa do Mundo – rebateu Lelê.

– Ainda não – finalizou Nico dando uma piscadinha para Titi, que retribuiu com outra.

Nesse ponto, Lelê também tinha razão. Eles queriam acompanhar a realização do sonho do irmão, mas não ficar horas antes do jogo simplesmente parados na porta do vestiário.

Maria, para resolver a situação, propôs deixar Nico na concentração e permanecer esse período com Lelê e Titi na piscina do clube. Ideia muito bem-recebida por eles também.

Ao chegarem, Nico já seguiu para o campinho de futebol e encontrou seus colegas de time. O garoto pegou novamente uma chuteira emprestada do clube. Não havia muita escolha, e ele pegava a que tinha. Naquele dia, só havia sobrado um modelo bem velho e um pouco menor, que apertava o calcanhar.

Quando anoiteceu, Maria, Lelê e Titi foram ao campinho de futebol. Lá, eles encontraram Paulo. Era uma noite incrível; afinal, poucas vezes desde o divórcio as crianças tiveram a oportunidade de realizar uma mesma atividade com o pai e a mãe. E, especialmente naquela noite, Nico estava arrasando. A família vibrava a cada passe que ele dava, mostrando que o garoto realmente era bom de bola.

– Vai, Nico, chuta para o gol – berrava Titi grudado na grade que separava o campinho da arquibancada.

Embalados por uma OLAAAAA que se iniciava na parte oposta de onde a família de Nico estava sentada, Titi e Lelê conseguiam reparar que, a cada drible que o irmão dava, a torcida vibrava mais.

– Chutaaaaaaaaa... – Maria disse em um tom levemente mais alto do que ela estava acostumada, mas adorando tudo aquilo.

No intervalo, ao ver que os familiares do seu melhor jogador estavam presentes, o técnico Leonardo foi trocar umas palavrinhas com eles:

– Joga bem, hein – iniciou.

Paulo e Maria apenas sorriram com o elogio.

– Na semana que vem, eu vou levar os garotos para conhecerem um estádio de futebol de verdade e queria saber se posso levar o Nico também – Leonardo perguntou.

E, na sequência, o técnico emendou que essa visita era algo que ele fazia todos os anos – inclusive, lá se encontrava com alguns técnicos de clubes pequenos – e que até conseguia a liberação do estádio para que os alunos entrassem no campo e jogassem um pouco.

– Alguns olheiros fazem a mesma visita, e o Nico tem grande chance de ser notado por algum deles – disse.

– Vamos ver – Paulo respondeu, aparentemente incomodado com a situação.

Assim que a partida recomeçou, o time de Nico empatava sem gols. Após mais algumas tentativas de avançar para o gol, o jogo deu uma esfriada. Lelê até saiu para comprar algo para comer e beber.

– Pipoca, Lelê – disse Titi sem tirar os olhos do irmão em campo.

– O que você acha dessa ideia? – Maria perguntou ao ex-marido.

Paulo não chegou a dar uma resposta para a ex-companheira. Na verdade, ele não falou nada; apenas olhou para ela e se levantou com a desculpa de que ajudaria a filha. Quando eles retornaram, no entanto, Nico estava caído no chão.

– O que houve? – Paulo perguntou.

– Foi a chuteira que rasgou completamente quando o Nico chutou para o gol – Maria respondeu.

– Rasgou, mas conseguiu fazer um belo gol – Titi disse, de maneira vibrante, após o golaço do irmão.

Mesmo se tornando o craque do jogo, o técnico fez uma substituição, porque não havia possibilidade de Nico jogar com apenas um pé de chuteira.

Ao término do jogo, com vitória por 1 a 0, Nico e a família foram para a casa.

– O que você vai fazer sem a chuteira? – perguntou Titi.

– Não faço ideia – respondeu Nico, lembrando que não se programou financeiramente para adquirir um item com custo tão elevado.

Quando já estavam em casa, Lelê mostrou para o Nico um perfil na internet chamado *Já te amei*, que conectava pessoas que tinham algo de que queriam se desapegar e topavam a troca por outro item. No caso desse perfil, não havia a compra dos itens, apenas o escambo.

– Eu busquei no perfil e encontrei uma chuteira em ótimo estado para você – disse Lelê enquanto mostrava o produto na tela do celular.

– Deixa eu ver – disse Titi ao pegar o aparelho da mão da irmã.

– Cuidado, Titi – reclamou ela.

– Esse perfil é confiável? – quis saber Maria, ouvindo a conversa dos filhos.

– É sim, mãe. Eu mesma nunca troquei nada, mas a Marina, minha amiga do colégio, que tem um ótimo poder de negociação, faz isso o tempo todo – respondeu Lelê.

Nico analisou a oferta do par de chuteiras. Realmente, elas pareciam ótimas. O que faltava agora era descobrir pelo que ele poderia trocar.

O bacana do perfil era que na postagem do produto havia uma pequena explicação contando o motivo do desapego e também quais eram os gostos principais do dono do objeto.

Nico lembrou-se dos antigos patins, que estavam guardados havia um bom tempo. Com o celular da irmã, ele tirou uma foto do item e enviou-a via *direct*. Rapidamente, ele recebeu uma resposta do perfil dizendo que aceitava a troca – já no dia seguinte, se encontrariam no clube para realizá-la. Além de um exercício saudável de desapego, Nico estava feliz com a nova chuteira dele.

6

O CAPÍTULO VAI ABORDAR A MESADA DE TERCEIROS.

ÍDOLOS

Agora que você já sabe que existe mais de um tipo de mesada, consegue imaginar qual seria aquela que recebe de vez em quando de um parente, como os avós? Diferentemente da Voluntária, vista no início do livro, em que a criança ou o jovem recebe um valor pequeno para comprar um doce ou uma revista, a Mesada de Terceiros é compreendida como um presente. Neste caso, é possível dividir o valor recebido e destinar 50% para a realização dos sonhos e os outros 50% para serem gastos no dia a dia.

Certa noite, Nico ouviu os pais discutirem pelo telefone. Era rara aquela situação, porque, até mesmo antes do divórcio, Paulo e Maria não demonstravam os problemas diante dos filhos.

A mãe dele parecia bastante aborrecida com a conversa. Ao se aproximar, notou que era ele o motivo da briga. Nico percebeu que, por alguma razão, o pai não queria que ele fosse ao estádio com os outros colegas da escolinha de futebol – e pior: queria que ele desistisse de jogar bola.

Com receio de perguntar para a mãe, Nico fez uma chamada de vídeo para o vô Amadeu, de quem era bastante fã e confiava na opinião dele.

– Querido neto, que alegria falar com você. Me conta, como estão as férias? –Amadeu perguntou.

– Acho que eu vou conhecer um estádio de futebol de verdade e até jogar um pouco nele – respondeu Nico, com o semblante um pouco triste.

– Que incrível! Mas por que você está com essa cara? – questionou.

Nico contou da briga entre os pais e como nada daquilo fazia sentido, já que o pai o levou a algumas aulas e vibrou durante as partidas.

– Meu neto.... – começou Amadeu. – Existem coisas que são mais complexas do que imaginamos. Eu preciso lhe contar uma coisa sobre o seu pai, o meu querido filho Paulo, mas não pelo telefone.

Vô Amadeu então disse que ele mesmo acompanharia o neto na excursão ao estádio de futebol.

– Você precisa de um acompanhante, correto? – Amadeu perguntou.

– Sim. Mas e o meu pai? – questionou Nico.

– Não se preocupe. Eu resolvo – afirmou ele.

Nico assentiu com a cabeça, concordando com o avô. Depois de combinarem o dia da visita ao estádio, os dois se despediram com a promessa de que Amadeu tinha uma explicação para aquela situação. "Uma das boas",

Nico pensava enquanto se preparava para dormir.

Alguns dias depois, na manhã da visita ao estádio, vô Amadeu chegou cedo a Guatinga. Como já estava com dificuldade para dirigir, ele preferiu pegar o ônibus intermunicipal.

– Vovô! – disseram Titi, Lelê e Nico ao verem Amadeu sentado na cozinha conversando com Maria.

Enquanto tomavam café da manhã, ele quis saber dos sonhos de verão dos netos.

– Hoje é a vez de quem? – ele iniciou.

– Você sabe do nosso combinado de acompanhar a realização do sonho de cada um? – questionou Titi bastante alegre pelo interesse do avô.

– Mas é claro, meu neto. A mãe e o pai de vocês me contam tudo, inclusive quando vocês aprontam... – Amadeu respondeu com uma piscadinha e, em seguida, com uma baita gargalhada.

Nico, Lelê e Titi riram juntos e a casa ficou ainda mais iluminada com tamanha felicidade que vinha não apenas do vô Amadeu revendo os netos, mas também das próprias crianças, que adoravam a visita dele.

– Mas, então, hoje é o sonho de quem? – perguntou mais uma vez.

– Vô, hoje eu vou tentar quebrar meu recorde nos 100 metros livres – respondeu Lelê.

– E você está preparada? – o avô quis saber.

– Tôôôô... – a garota disse.

– Muito bem, mas e você, Titi? Já escolheu o seu verdadeiro sonho? Da última vez que eu soube era o que mesmo? Andar de *skate*?

– Não, vô. O *skate* já era também. Acho que eu sou um espírito livre, que sonha com várias coisas e quer realizar todas elas – respondeu Titi, enquanto Lelê e Nico riam muito do discurso do irmão mais novo.

– Tá certo. Não perca nunca esse jeito de enxergar o mundo. E qual sonho você vai realizar hoje? – perguntou o avô.

– Depois que a Lelê nadar, vamos fazer um PIIII-QUEEEE-NIIII-QUEEE – respondeu Titi assim mesmo, separando as sílabas e prolongando ao máximo que dava cada uma delas.

– Eu vou colaborar com esse piquenique: trouxe um bolo de milho fresquinho para vocês. Receita secreta vinda diretamente do livro da vó Celina – Amadeu sorriu ao entregar o embrulho retirado da mochila.

– Ahhhh, vô, muito obrigada – disse Lelê pelo carinho. – Eu queria tanto ter conhecido a vó – completou.

– Ela teria amado vocês, crianças. A Celina era uma mulher alegre e divertida. Com certeza, ela participaria de todos esses sonhos que vocês planejaram. Mas, infelizmente, minha querida esposa nos deixou cedo demais. Quando o Paulo tinha apenas 17 anos – Amadeu disse em um tom um pouco mais baixo, procurando segurar as lágrimas na frente dos netos.

Notando a tentativa de Amadeu de evitar o choro, Maria propôs saírem um pouco mais cedo. Dentro do carro, vô Amadeu entregou um envelope para cada um dos netos. Titi, o primeiro a abrir, notou que se tratava dos famosos presentes em dinheiro que o avô costumava dar de vez em quando aos netos.

– Valeu, vovô. Vou adquirir algumas HQs para a minha coleção – Titi disse.

– Mocinho, que tal adquirir apenas uma e guardar o restante do dinheiro para o seu sonho? – questionou Maria.

– Tem razão! – o garoto respondeu.

– Obrigado, vovô – disse Titi, seguido por Nico e Lelê.

Ao chegarem ao clube, a *van* para a excursão já os aguardava. Após se despedirem, Nico e Amadeu embarcaram no veículo. Era uma viagem curta, de cerca de 45 minutos. No caminho, o garoto queria muito falar sobre o motivo que levou Paulo a se tornar tão resistente ao sonho dele, mas percebeu que ainda não era o momento.

Já no estádio, o técnico Leonardo levou todos para um *tour*, com visita ao vestiário dos jogadores e percorrendo o túnel por onde atletas profissionais passaram quando a Copa do Mundo foi realizada no Brasil.

– Imaginem que o melhor jogador do mundo esteve aqui. Caminhou pelo túnel pelo qual vocês estão passando e entrou no gramado ali na frente – o técnico disse.

– Um dia será a minha vez, vô – disse Nico ao ouvir que seus grandes ídolos do futebol já jogaram naquele gramado.

E, como prometido, os olheiros e os técnicos de pequenos clubes da região realmente estavam presentes e acompanharam algumas jogadas no campo. Nico, como era de se esperar, jogou muito bem. Vô Amadeu estava visivelmente emocionado quando o neto se aproximou dele ao fim da partida.

– Que foi, vô? – quis saber o neto. – Tá tudo bem?

– Eu já disse que você se parece muito com o seu pai? – Amadeu perguntou.

– Só umas mil vezes – Nico respondeu, tentando descontrair o momento.

– E, agora, mais do que nunca – o vô respondeu em um tom de mistério. Meu querido neto, não há como explicar o que está acontecendo com o seu pai sem que você saiba de uma coisa muito importante – Amadeu iniciou enquanto retirava da mochila um embrulho, uma caixinha de metal.

– O que é, vô? – indagou Nico.

– Isso é o seu pai. Ou melhor, era o seu pai. Tome, fique com você. Só assim você o entenderá – disse Amadeu.

Nico abriu a caixinha de metal e dentro dela havia algumas fitas K7. Quase todas as embalagens que protegiam as fitas estavam em branco. Em apenas uma tinha escrito a mão: COPA DO MUNDO NO BRASIL (1950).

Ele não sabia muito bem como reagir porque esperava respostas. Mas acabou encontrando mais dúvidas. A primeira: como aquelas fitas podiam representar o pai dele? A segunda: como aquilo poderia explicar a atitude de Paulo? E terceira: como escutaria aquelas fitas K7?

– Eu as devolvo em breve ao senhor.

– Não, não, meu neto. Isso é um presente. Guarde-as com você – finalizou o avô antes de voltarem para a van.

– Mais um, né, vô – Nico respondeu; afinal, Amadeu já havia presentado os netos mais cedo.

7

O CAPÍTULO VAI ABORDAR A MESADA FINANCEIRA.

COPA DO MUNDO NO BRASIL (1950)

O capítulo vai abordar a Mesada Financeira. É aquela dada à criança ou ao jovem para aprender a administrar o dinheiro que adquire. Trata-se de um combinado entre o recebedor e o doador, logo o acordo não pode ser quebrado. Neste caso, diferentemente da Mesada Voluntária, dada de forma aleatória e esporádica, na Mesada Financeira o valor é recebido mensalmente e deve ser usado para a realização dos sonhos.

Dias se passaram sem Nico conseguir ouvir as fitas K7 presenteadas pelo vô Amadeu. Ao fazer algumas buscas na internet, o garoto descobriu que elas só eram compatíveis com aparelhos de som muito antigos. Como nem mesmo ele sabia o conteúdo das fitas, resolveu, momentaneamente, não contar para ninguém.

Certa manhã, Nico, ainda na cama, acessou o perfil *Já te amei*, em que conseguiu trocar os patins pela chuteira, e procurou lá um aparelho de som no qual pudesse ouvir as fitas do pai dele.

– Nico, 9 horas – disse Maria, notando que o filho ainda não havia levantado.

– Já vouuuuu – ele respondeu.

Mas Nico não estava pronto para sair da cama. Na verdade, naquela manhã o garoto não estava nem mesmo com vontade de treinar.

– Levannnttttaaaa – disse Titi, batendo insistentemente na porta do quarto do irmão.

– Já vou – respondeu novamente, mas ainda sem se mexer.

A verdade era que ele estava muito ocupado procurando no perfil de trocas algum rádio em que pudesse colocar as fitas para tocar. Como estava com bastante dificuldade, escreveu, via *direct*, para o administrador do perfil pedindo uma ajuda.

– Nós vamos perder a hora – bateu ainda mais forte Lelê na porta do quarto do irmão.

Ao notar que não teria nenhum minuto de sossego, Nico se levantou, abriu a porta do quarto e disse que ficaria em casa. Maria estranhou a decisão e suspeitou que o filho pudesse ter ouvido a discussão dela pelo telefone com o ex-marido outro dia.

– Tem certeza? Você gosta tanto das aulas de futebol – Maria questionou.

– Absoluta – ele respondeu. – Não estou com vontade – o garoto respondeu.

A mãe de Nico sentiu que não tinha argumentos para convencer o filho sem revelar o teor da briga com Paulo. Como ela apenas suspeitava que Nico tivesse ouvido, preferiu não arriscar contar algo que o chateasse.

– Se quiser, eu posso voltar para te buscar mais tarde – Maria tentou uma última vez.

– Vamos ver... – Nico respondeu.

– Tchau, cabeção – disse Lelê ao passar pela porta do quarto dele.

– Tchauuuuu – o garoto respondeu.

Logo em seguida, Maria, Lelê e Titi saíram.

Quando Nico pegou de volta o celular, havia uma mensagem do administrador do *Já te amei*, contando que não havia encontrado nenhum aparelho de som registrado no perfil compatível com as fitas K7. Ele agradeceu a ajuda e, antes de se despedirem, recebeu mais uma mensagem do administrador sugerindo que ele procurasse em outros brechós da cidade.

Para facilitar, Nico fez a busca utilizando o *notebook* da família e, após alguns cliques, viu que não muito longe dali havia um.

O garoto procurou o perfil do local nas redes sociais, mas não encontrou nada. Ao acessar a página do brechó na internet, a única coisa que viu foi um número de telefone fixo. Após algumas tentativas, ninguém atendeu.

No celular, Nico acessou o aplicativo de mapas da cidade e notou que o brechó ficava a menos de 3 quilômetros da casa dele. "Uns 20 minutos de caminhada", raciocinou ele.

– De bicicleta, esse tempo cairia pela metade – pensou ele em voz alta enquanto caminhava até o banheiro.

Após um rápido banho, Nico foi até a garagem do prédio onde morava, pegou a bike e seguiu pela ciclovia até o brechó. A atitude de Nico contradizia tudo o que Maria havia ensinado aos filhos. Ela sempre lhes pedia que avisassem para onde estavam indo, coisa que Nico nem sempre fazia. Após algumas discussões com os filhos e para a segurança deles, Maria instalou um aplicativo de localização nos aparelhos dos três.

Antes de sair da garagem, o garoto até cogitou enviar uma mensagem para a mãe, mas achou melhor não, porque teria de explicar o motivo da compra. E Nico ainda não estava pronto para contar o que nem ele mesmo sabia das fitas. Ao chegar ao brechó, perguntou a um dos vendedores:

– Vocês vendem aparelhos de som?

– Que tipo de aparelho? – questionou o vendedor.

– Os que tocam fitas – ele respondeu.

– Fitas K7? – o vendedor questionou mais uma vez.

– Isso. Como essas – foi a vez de Nico responder, retirando uma delas do bolso, na qual estava escrito **Copa do Mundo no Brasil (1950).**

– Garoto, por que você não compra um *walkman*? – o vendedor questionou rindo.

Com vergonha de perguntar o que era um *walkman*, Nico pegou o celular e digitou na busca. Ao verificar o resultado da pesquisa, viu que esse tal aparelho se parecia muito com um MP3.

– E você tem? – ele perguntou.

– Não. Mas um brechó, não muito perto daqui, vende – ele disse.

– Muito longe? – o garoto perguntou, já sabendo que não poderia ir sozinho lá.

– Uns 25 quarteirões.

Após pegar o endereço com o atendente, Nico saiu cabisbaixo da loja. Estava distraído, mas tão distraído que acabou nem vendo a mãe dele parada na frente da loja.

– Domênico Reis, você quer me contar alguma coisa? – Maria questionou o filho.

– Mãe?!?! Como você me achou?

– Coloque sua bicicleta no porta-malas e entre no carro imediatamente – respondeu Maria, sem dar nenhuma explicação.

A mãe de Nico desconfiou que algo não estava certo com o filho e retornou para casa. Na garagem, quando não avistou a bicicleta, Maria ligou o aplicativo de localização instalado no celular dele.

Após andarem alguns quilômetros, Maria estacionou o carro.

– Você sabe que pode contar qualquer coisa para mim – a mãe começou.

– Me desculpe.... – ele disse.

Sem saída, Nico contou sobre as fitas K7.

– Você sabe o que tem nelas? – o garoto perguntou.

– Não, meu filho. Eu não sei – ela respondeu. – Mas não fique chateado. Se o seu avô lhe entregou essas fitas, significa que você vai encontrar as respostas que tanto procura – finalizou Maria.

8

COPA DO MUNDO NO BRASIL (2014)

Maria e Nico retornaram ao clube para encontrar Lelê e Titi. Lá, o garoto revelou toda a história das fitas K7 aos irmãos.

– E você não faz ideia do que tem nelas, mãe? – Lelê perguntou.

Maria explicou que Paulo sempre foi muito fechado e quase não falava sobre o passado, principalmente sobre a adolescência dele.

– Nico, por que você não pergunta ao papai? – Lelê indagou.

Essa era uma alternativa, mas Nico queria viver a aventura por completo. Afinal, se vovô falou que ele encontraria nas fitas as respostas que tanto queria, o garoto realmente acreditou que este seria o melhor caminho.

– Eu preciso encontrar esse tal de *walkman* – Nico bufou.

– Ha ha ha! Eu não acredito que você precisou pesquisar na internet o que era um *walkman* – Lelê disse enquanto ria muito do irmão.

– Ué, Lelê. Eu saberia se o vendedor dissesse que era tipo um MP3 inventado na época dos dinossauros – Nico rebateu a irmã.

Titi sugeriu que todos fossem até o tal brechó procurar o *walkman*. Afinal, descobrir o conteúdo das fitas tinha se tornado o assunto do momento. Ao chegarem lá, para sorte deles, eles encontraram o aparelho que Nico tanto tinha procurado nos últimos dias. Era o último disponível. Mas, para nem tanta sorte assim, o valor era bem mais elevado do que ele imaginava.

– Eu não tenho toda essa quantia – revelou Nico, que administrava muito bem o dinheiro que ganhava todos os meses dos pais dele e sabia o valor exato poupado.

– Filho, você pode poupar mais alguns meses da sua mesada e depois adquirir um – considerou Maria.

– Nãoooooo – disseram Lelê e Titi.

– Estamos curiosos demais para esperar – finalizou Titi.

– Alguém tem alguma sugestão? – Maria perguntou.

– Bem... Poderíamos complementar o valor usando aquele dinheiro que estamos poupando ao reduzir os gastos excessivos dentro de casa –disse Lelê.

– Sim, Lelê. Ótima ideia. Nós podemos, né? – perguntou Titi um pouco em dúvida; afinal, a mãe havia explicado que a real economia nos gastos poderia ser revertida para realizarem algo bem divertido.

– Sim, Titi. Podemos. Mas lembrando apenas que o aparelho não seria apenas do Nico, e sim da família – Maria respondeu.

– Eu topo – Nico respondeu.

Ele entregou ao vendedor da loja uma parte do dinheiro e Maria complementou com o valor economizado pelos filhos que, desde o episódio do cartão amarelo, tinham mudado bastante o comportamento deles.

Já em casa, Nico, Lelê, Titi e Maria se sentaram no chão da sala para ouvir as fitas.

– Por qual vamos começar? – Titi questionou.

A resposta para Nico era óbvia: a fita em que estava escrito "Copa do Mundo no Brasil (1950)".

– Coloca para todos ouvirem, Nico. Desplugue o fone de ouvido do *walkman* – ordenou Lelê.

Assim que a fita iniciou, todos reconheceram a voz de Paulo. Nela, ele contava sobre o dia em que o pai dele, o vô Amadeu, foi assistir a um jogo do Brasil na Copa do Mundo de 1950. Paulo, que ainda nem era nascido na época da partida, narrava as façanhas dos jogadores brasileiros com tantos detalhes que até parecia que ele estava lá.

É que Paulo pedia para Amadeu contar-lhe diversas vezes aquela mesma história antes de dormir.

– Mãe, você sabia disso? – Nico questionou.

– Não, meu filho. Seu pai nunca me falou – respondeu ela com os olhos marejados.

Quando o lado A terminou, Nico virou para o lado B, e a fita começou a tocar novamente.

Paulo contava que um dia se tornaria um grande jogador de futebol e que, quando tivesse um filho, o levaria para ver um jogo da seleção brasileira.

– Quem diria que o papai queria ser um atleta – revelou Lelê, bastante surpresa com a novidade.

Maria não se conteve mais e os olhos, antes marejados, agora jorravam lágrimas.

– O que foi, mãe? – os filhos perguntaram.

– Vocês não se lembram, crianças? – Maria perguntou.

– Lembrar de quê? – Lelê questionou.

– O pai de vocês.... Bem, na verdade, nós dois levamos vocês ao estádio na Copa do Mundo do Brasil (2014), para ver um jogo da seleção brasileira.

Nico não podia acreditar no que tinha acabado de ouvir. Lelê e Titi gargalhavam e se olhavam com aquela descoberta.

– Vocês não se lembram mesmo? – Maria perguntou novamente. O Titi não poderia porque só tinha 1 ano. Mas você, Nico, já estava com 4 aninhos, e a Lelê, vejamos, com 6 anos – finalizou.

Nico tentava buscar na memória, mas não vinha nada. Por fim, ele disse:

– Não me lembro, mãe.

Maria contou que foi uma viagem maravilhosa em família. Ela, inclusive, disse que eles tiraram várias fotos do evento.

– E o Brasil, mãe, ganhou? – quis saber Nico.

– Tive uma ideia. Por que não convidamos o pai de vocês para comer uma *pizza* aqui e perguntamos a ele? – a mãe sugeriu.

Nico, Lelê e Titi adoraram a sugestão. Naquela noite, a família de Nico colocou os colchões no chão da sala e realizou uma festa do pijama. Nela, eles ouviram todas as fitas K7 da caixa e se divertiram com as narrações do pai. As fitas revelavam não só que Paulo ouvia as histórias contadas pelo vô Amadeu e depois as gravava com as palavras dele, mas também mostrava as habilidades dele com a bola.

O pai de Nico também entrou para uma escolinha de futebol quando era pré-adolescente, participou de peneiras para disputar partidas por pequenos clubes e estava prestes a realizar o sonho de jogar no mesmo estádio onde Pelé, o maior ídolo de Paulo, havia jogado.

Quando o dia estava quase amanhecendo, eles terminaram de ouvir a última fita. Nico, no entanto, ainda estava bastante apreensivo.

– O que foi, filho? – Maria questionou.

– Não sei, mãe. Se o papai gostava tanto de futebol a ponto de querer se tornar um jogador profissional, por que ele não quer que eu jogue? – Nico indagou.

– Você ouviu a nossa conversa pelo telefone, né? – a mãe questionou. – Acho que você deve perguntar ao seu pai, mas eu suspeito que tenha relação com a data em que as fitas pararam de ser gravadas.

– A última é de maio de 1987 – Nico respondeu.

– O que aconteceu nessa época, mãe? – Titi perguntou.

– A vó Celina faleceu – Maria, cabisbaixa, disse.

A partir daquela nova informação, Nico já conseguia juntar algumas peças do quebra-cabeça. Paulo ainda contou em uma das fitas que Celina era a grande incentivadora do sonho dele. Era ela que mais acompanhava os jogos do filho e vibrava mais do que todos quando ele passava em alguma peneira. Nico ficou com a sensação de que o falecimento repentino dela causou algum tipo de mágoa em Paulo.

Antes que os primeiros raios de sol surgissem, Nico escreveu ao pai: Precisamos conversar. E, em seguida, enviou uma foto da caixinha de metal com as fitas K7.

– (digitando)... – Nico olhava para a tela do celular e via que o pai estava digitando havia um tempão. Mas não enviava nada.

Do outro lado da tela, Paulo procurava palavras suficientes para responder ao filho, mas não saía nada. Por fim, ele simplesmente respondeu que passaria lá mais tarde.

No início da noite, Paulo chegou. Assim que entrou no antigo apartamento, viu Nico, Lelê e Titi sentados no sofá. Ele se acomodou na poltrona vazia, e Maria ocupou o braço do sofá onde os filhos estavam.

Naquela noite, Paulo contou aos filhos – e a Maria também – sobre o time de futebol de Lagoa Branca, cidade onde ele nasceu. O pai de Nico revelou ainda que tinha propostas para jogar fora do país e que havia prometido para a mãe dele que ganharia uma Copa do Mundo. Mas, quando Celina ficou doente e depois faleceu, ele desistiu de tudo e nunca mais falou sobre o assunto.

– Filho, eu devo desculpas pelo meu comportamento – Paulo disse direcionado a conversa para Nico.

– Tudo bem, pai. Agora tudo faz mais sentido. Inclusive, eu fico feliz em saber que temos o futebol em comum – pontuou.

Paulo aproveitou o momento em família para contar do aparelho que usava para fazer a gravação das fitas. E relembrar os fatos narrados. Por fim, ele ficou feliz em saber que o vô Amadeu tinha guardado as fitas por tantos anos. E que, agora, elas podiam ser ouvidas por Nico, Lelê e Titi.

A noite encerrou-se com Maria trazendo o álbum de fotografias da viagem durante a Copa do Mundo no Brasil (2014).

– E o Brasil? Ganhou? – perguntou Nico.

– É lógico, filhão – Paulo respondeu, referindo-se àquela partida em específico. – Mas a Copa do Mundo no Brasil, em 2014, foi vencida pela Alemanha – finalizou.

O CAPÍTULO VAI ABORDAR A MESADA EMPREENDEDORA.

REFORÇO

Você já ouviu falar em empreender? Imagino que sim. Essa palavra, muitas vezes, está atrelada ao mundo dos negócios. Empreender vai além disso, porém. Refere-se ao movimento da criança ou do jovem para desenvolver habilidades e competências em busca do melhor de si. Trata-se de pensar e agir procurando fazer o seu melhor, aproveitando cada instante do que você está vivenciado durante aquela experiência. E por que não usar esse momento para colocar em prática o seu espírito inventivo?

Após esclarecer a situação com o pai, Nico se sentia cada vez mais confiante para compartilhar com ele seus sentimentos. Durante o jantar naquela mesma noite, o garoto contou a Paulo como foi a visita ao estádio e que o técnico comentou que alguns olheiros assistiram à partida.

– O Leonardo acredita que eu tenho chance de ser selecionado para um time de base – Nico revelou.

– Filho, é isso mesmo que você quer? – Paulo questionou.

– No início, eu estava bastante indeciso sobre o que gostaria de realizar nas minhas férias. Mas, após participar daquela aula com o Titi, eu percebi que, além de gostar muito de futebol, eu poderia me tornar até um jogador profissional – Nico respondeu.

– Mas ser jogador profissional não é sonho. É apenas um meio para realizar alguma coisa maior. Você sabe disso, né? – Paulo perguntou.

– Sim, pai. Eu sei. Na verdade, o futebol pode me levar a realizar o sonho de jogar uma Copa do Mundo ao lado de craques que eu admiro muito. Quem sabe até ganhar. Este, sim, é o meu verdadeiro sonho – Nico pontuou.

– Tá certo, filhão – Paulo disse. – E quais são os próximos passos?

– Precisamos ganhar o campeonato regional. O técnico disse que, assim como na visita ao estádio, alguns olheiros também virão à final do regional. Ele acha que eu posso conseguir uma vaga em uma das peneiras e poderia até ganhar uma bolsa-atleta – o garoto finalizou.

Nos dias seguintes, a família Reis frequentou bastante o clube. Nico e os demais jogadores do time treinaram duro; faltavam poucos jogos para a final. Lelê também estava praticando os estilos de natação e melhorava a cada dia a *performance* dela na água.

Até Titi que, apesar de ainda não ter decidido qual sonho gostaria de realizar naquele verão, se mostrava interessado no evento que encerraria as partidas de futebol. Os clubes da região se preparavam para a grande final com uma festa e, daquela vez, o evento seria no gramado do clube esportivo de Guatinga. Titi se voluntariou para ajudar e passava as tardes reunido com a comissão responsável e, por incrível que pareça, ele estava realmente envolvido e se sentia bastante confortável.

A grande surpresa veio mesmo de Paulo. Em uma tarde ensolarada de quarta-feira, ele apareceu no campinho de futebol.

– O que houve, pai? Tudo bem? – Nico perguntou ao ver o pai encostado na grade que separava o campo da arquibancada.

– Tudo certo, filhão – Paulo respondeu. – Volte lá e mais tarde conversamos.

Nico obedeceu ao pai, retornando ao treino. Durante o intervalo, Paulo conversou com o técnico. Os dois pareciam realmente empolgados com a conversa. Por fim, eles chamaram o Nico.

Com receio de que o pai pudesse ter mudado de ideia sobre o futebol, o garoto foi logo disparando:

– Conta para o meu pai que eu tenho grandes chances...

– Nico... – Leonardo começou.

– Diga... – o garoto respondeu.

– O seu pai sabe disso! Ele não só sabe, como acredita muito em você. Vai, Paulo, conta para ele o que conversamos.

– Filho, eu contei ao seu técnico a minha experiência como jogador de futebol na adolescência e me ofereci para ajudar o time a vencer – Paulo disse.

– Mas e o seu trabalho, pai? – o garoto questionou.

– Eu pedi alguns dias de folga – Paulo respondeu.

Nico não se continha de tanta felicidade. O garoto deu um forte abraço no pai. Em seguida, gritou para os amigos do time que eles tinham acabado de ganhar um reforço.

– Meu pai foi o melhor jogador de base da cidade dele – orgulhava-se Nico ao apresentar o pai aos amigos.

Paulo foi muito bem recepcionado pelos colegas do filho. Ele contou um pouco sobre a experiência dele em peneiras e como foi sondado por clubes de fora do país. Por fim, explicou que, se eles quisessem realmente vencer o campeonato regional, deveriam treinar duro.

– É preciso dar o melhor de si, sempre com muita dedicação e perseverança, desenvolvendo as habilidades e as competências de vocês.

– Exato! Mas com diversão também – falou Marcelo, um dos amigos do time de Nico.

– Hahaha – os demais colegas gargalharam.

– Com certeza. Agora de volta ao treino – ordenou Leonardo.

Paulo passou a acompanhar o filho em todos os treinos. Eles eram os primeiros a chegar e os últimos a sair. Nico sentia que melhorava a cada dia, apesar de nem sempre ser fácil.

Certa vez, Paulo revelou ao filho o jeito que ele se preparava quando estava em busca de um grande resultado.

– Minha mente estava completamente focada no campo. Eu usava cada segundo dos meus treinos, realizando os exercícios com dedicação, perseverança e amor, pois eu sabia que se fizesse tudo isso estaria mais perto da realização do meu sonho.

Estranhamente, aquilo soou familiar para Nico, que sentiu orgulho da parceria que estabeleceu com o pai. O garoto tinha certeza de que aquele reforço seria bom para o time e, principalmente, para ele, pois, além de melhorar a performance em campo, tinha achado algo verdadeiro para compartilhar com o pai.

10

O CAPÍTULO VAI ABORDAR A MESADA ECOLÓGICA.

TIME

Neste caso, a maior preocupação é com o bem-estar do planeta. Esse tipo de mesada procura ampliar a sua conscientização cidadã. Não é de hoje que temos acompanhado as mudanças climáticas que impactam diretamente a harmonia de onde vivemos. Com uma população cada vez mais informada, a Mesada Ecológica vai contribuir para ampliar o engajamento das pessoas na resolução do problema ambiental.

Faltando pouco para a final do campeonato, o time de Nico estava indo muito bem. Nas oitavas de final, eles venceram facilmente por 5 a 1. Nas quartas, o jogo foi um pouco mais duro, e a vitória veio no finalzinho do segundo tempo por 1 a 0. Já nas semifinais, outro jogo duríssimo, e a partida foi vencida só nos pênaltis.

Enquanto Nico descansava para o jogo seguinte, Titi estava ocupado demais com os preparativos para a festa de encerramento que ocorreria logo após a final. Tudo parecia bem encaminhado, porém eles não contavam com o maior de todos os imprevistos. Eram comuns pancadas de chuva que iam e vinham rapidamente no verão, mas o que aconteceu naquela noite foi uma tempestade muito pior.

Chovia desde o início da noite e choveu muito durante a madrugada também. Quando amanheceu, havia estragos por toda a cidade. Os noticiários locais diziam que choveu em algumas horas o equivalente a dias de chuva. Os semáforos estavam quase todos desligados e várias árvores, derrubadas – além de muito lixo acumulado nas ruas e calçadas.

Assim que Titi acordou, havia uma centena de mensagens no grupo da organização do evento relatando os estragos não só pela cidade, mas também no clube.

Ele rapidamente pulou da cama, foi até o quarto de Maria e a acordou.

– Mãe, me leva para o clube agora.

– O quê? Por quê? O que houve? – Maria perguntou.

– Não dá tempo de explicar agora – Titi rebateu.

Ao chegarem lá, alguns voluntários se aglomeravam na entrada do espaço onde a festa seria realizada. Faltando poucas horas para o evento, eles foram averiguar o estrago. A lona da tenda principal, destinada à pista de dança e ao local onde serviriam o jantar, estava rasgada; as tendas menores, de suporte ao evento, sofreram danos nas estruturas metálicas; mesas e cadeiras de plástico foram danificadas; os artigos de decoração estavam completamente destruídos.

– E agora? Vamos cancelar? – quis saber um dos voluntários.

– Nada disso. Agora, mais do que nunca, precisamos nos unir como um time e resolver o problema – respondeu outro voluntário.

– Como vamos alugar novos móveis e adquirir os itens danificados se já gastamos quase todo o dinheiro do evento? – questionou outra voluntária.

Rapidamente, as pessoas começaram a falar ao mesmo tempo, procurando uma alternativa para aquela situação.

– Genteeeeee... – disse Titi. – Um de cada vez – pontuou.

– Com licença, pessoal. Eu não estou na organização da festa, mas gostaria de sugerir uma divisão de grupos para resolver cada uma das questões – tomou a palavra Maria.

Todos concordaram com a sugestão e começaram a verificar quais itens precisavam de reparos, de substituições ou mesmo de adaptações.

– Com que dinheiro vamos adquirir o que for necessário? – alguém de um dos grupos perguntou.

– Acredito que podemos ser criativos – iniciou Titi.

E continuou:

– Todas essas pancadas de chuva são um reflexo direto da falta de conscientização-cidadã com o meio ambiente. Parece que o ser humano tem deixado de se responsabilizar pelos seus atos, esquecendo que os recursos naturais são limitados. Se respeitarmos o meio ambiente, extraindo dele apenas os recursos capazes de serem renovados, podemos evitar que novas tempestades como a de ontem se repitam.

Ouvindo o discurso de Titi, uma das voluntárias pensou em usar as folhas das árvores que estavam caídas no chão para refazer parte da decoração em um estilo mais rústico. Seguindo a ideia da colega, um grupo de voluntários começou a pegá-las e a adaptá-las para o evento. Já outro grupo iniciou um trabalho de reparo nas estruturas metálicas das tendas danificadas.

– O que nós podemos fazer? – perguntou o grupo no qual Maria estava.

– Vejamos... Será que as sobras de tecidos usados para decorar o palco e a pista de dança já foram para o lixo? – Titi perguntou.

– Não. O caminhão da coleta seletiva que leva nossos materiais para a reciclagem só passará amanhã – respondeu uma funcionária do clube à dúvida de Titi.

– Ótimo. Podemos resgatar e reutilizar esses retalhos e outros itens e usá-los de forma inventiva – ele disse.

E, assim, cada voluntário procurou uma maneira de salvar o evento. E, a cada hora, mais gente chegava para colaborar. Até mesmo pessoas do time adversário ao de Nico que souberam do ocorrido deixaram, momentaneamente, a rivalidade de lado para ajudar.

Isso ocorreu graças à ideia de um dos voluntários, que decidiu repassar nos grupos de mensagens a informação sobre o que estava acontecendo no clube esportivo de Guatinga. Ele mostrava os caminhos que os voluntários tinham tomado, usando os recursos da natureza e as sobras que seriam jogadas no lixo, para reduzir, repensar e refletir em como criariam uma nova festa.

Até mesmo os atletas da partida final apareceram.

– Niiiiiccccooooo... – Titi vibrou ao ver o irmão buscando mesas e cadeiras que voluntários traziam de casa.

– Arrasaram! – disse Lelê, quando reparou em Nico e nos outros jogadores colaborando.

Quando, finalmente, terminaram, tudo parecia incrivelmente bonito. Torcendo para que uma pancada de chuva como a da noite anterior não acontecesse mais, Titi, Lelê, Maria e os demais voluntários foram para a casa se arrumar. Em resumo, era a final do campeonato regional e, mais tarde, haveria a festa de encerramento.

– Você vem? – Titi perguntou ao irmão.

– Prefiro esperar na concentração – Nico respondeu, sabendo do desafio que teria pela frente.

– Filho, seu pai me mandou uma mensagem e disse que já está chegando – disse Maria ao entrar no carro com Lelê e Titi.

11

O CAPÍTULO VAI ABORDAR OS SETE PECADOS CAPITAIS.

TREINO É TREINO E JOGO É JOGO

O capítulo vai abordar os sete pecados capitais na implementação da mesada. Neste ponto da leitura, você já deve ter percebido que a mesada é algo muito maior do que estabelecer um valor fixo mensal. É possível que, mesmo sem saber, você já aplicasse alguns tipos no seu cotidiano. Ou que cometesse alguns equívocos. Este capítulo final vai abordar sete pontos cruciais que devem ser evitados (DESEQUILÍBRIO, VIOLAÇÃO, RUPTURA, PERMISSÃO, DESMEDIDA, REMUNERAÇÃO E SONEGAÇÃO), para que a sua experiência de implementação da mesada seja um sucesso. E, claro, que você realize muitos sonhos, assim como o Nico.

Assim que o juiz apitou dando início à partida, Nico rapidamente deu um chute na bola e correu em direção ao gol. Aquela noite era muito importante, e ele contava com a vitória. A concentração do garoto era tanta que ele nem percebia quando um colega pedia o passe da bola para avançar no campo.

– Ei, Nico.... Aqui, tô livre – disse um jogador completamente ignorado por ele.

Logo em seguida, Nico foi driblado por um adversário e perdeu a bola. Era nítido o nervosismo do garoto e, de certa forma, o DESEQUILÍBRIO dele a ponto de se tornar até um pouco avarento quanto à posse de bola.

Após uma rápida paralisação para um atendimento de um garoto do outro time, Artur, um jogador da equipe de Nico, conseguiu falar com ele.

– Ei, calma, você precisa dividir a bola com os outros colegas – disse Artur.

– Eu preciso vencer a final – Nico respondeu.

– Não é só você que está lutando para entrar em clube maior. E eu nem sei se os olheiros vieram depois da tempestade – Artur argumentou.

– Não é possível! Isso é uma VIOLAÇÃO do combinado. Eles disseram ao técnico que acompanhariam a final do campeonato regional – Nico bufou.

Notando a aparente desconcentração do filho, Paulo se aproximou do gramado.

– Nico, Nico, presta atenção na bola – iniciou Paulo.

E Paulo não parou por aí. Ele berrava na beirada do gramado dando ordens sobre o que ele achava ser o melhor para a jogada.

– Anda... Anda... Pega a bola, Nico – gritava quando percebia o filho mais apático no jogo.

A intromissão de Paulo foi tamanha que o técnico precisou alertá-lo. Com tantos comentários e sugestões, o garoto parecia ainda mais perdido tentando seguir as ordens do pai, cuja postura era bem autoritária. Quem conhecia a história de Paulo com o esporte notava que aquilo não era para o Nico, mas para si mesmo.

Entre mais uma bufada e um grito com o filho, o técnico convidou Paulo a se retirar do gramado.

– Você precisa deixar o Nico encontrar o ritmo dele no jogo – alertou Leonardo.

– Mas assim ele não vai ser escolhido por nenhum olheiro... – iniciou Paulo.

Definitivamente, aquele era um ponto de RUPTURA, e Paulo precisava entender que o passado tinha de ficar lá trás. A trajetória que Nico estava construindo seria diferente da dele, e o pai do garoto estava com dificuldade para aceitar e, até mesmo, enxergar isso.

Em campo, as coisas também não iam nada bem. Nico tinha acabado de levar um cartão amarelo devido a uma trombada muito forte no adversário. A expressão dele estava péssima. Nem parecia aquele garoto de chinelos na primeira vez que compareceu à aula da escolinha de futebol e mostrou que tinha um talento especial com a bola.

– Técnico? – Nico gritou do gramado. – PERMISSÃO para sair do jogo – falou.

– Não. De jeito nenhum – o técnico respondeu. – Você ainda tem muito o que mostrar, garoto. Permita-se – respondeu Leonardo.

Paulo, então, vencido pelos argumentos do técnico, saiu do gramado e se sentou próximo a Maria, Lelê e Titi, que assistiam à partida angustiados.

– O que houve lá embaixo? – Maria perguntou ao ex-marido.

– É que... É que ele precisa vencer a partida – Paulo respondeu.

– Não, querido, ele não precisa. Se, por acaso, não der certo agora, ele vai poder tentar de novo no ano que vem. Porque os sonhos são assim: se não deu para realizar agora, você se adapta e faz um novo planejamento – Maria respondeu ao ex em um tom de sermão.

– Mas eu prometi que se ele vencesse a final nós iríamos ver um jogo da seleção brasileira – Paulo argumentou um tanto envergonhado por tentar barganhar a vitória com o filho.

– Você precisa maneirar nesse desejo **DESMEDIDO** de que o Nico siga os seus passos no futebol – Maria alertou Paulo.

Nitidamente envergonhado, o pai de Nico se desculpou com Maria e prometeu rever a postura dele ao tentar barganhar com o filho. Até mesmo se comprometeu que, independentemente do resultado do dia, levaria ao jogo não apenas Nico, mas também Lelê e Titi.

Após o fim do primeiro tempo, com o jogo empatado por zero a zero, o técnico conversou com os jogadores. Leonardo sabia que a final estava sendo duríssima, mas ele acreditava no potencial de cada um.

– Vocês são um time e precisam jogar unidos. Lembrem-se dos treinos e de como trilharam um caminho até este momento – foram algumas das palavras ditas por Leonardo.

Com os ânimos um pouco mais controlados, os jogadores voltaram ao gramado. Na grade que separa o campo da arquibancada, havia três garotos em pé, observando o time retornar. Um deles, quando avistou Nico, berrou: "Ei, coloquei todo o meu dinheiro na vitória do seu time. Não me desaponte".

Nico apenas acenou com a cabeça. O garoto, que não parecia ter mais de 13 anos, tentou intimidá-lo contando que gastou toda a mesada dele em uma aposta. Era o que Nico pensava; afinal, aquela **REMUNERAÇÃO** não deveria ser fruto de um salário, porque o garoto era muito jovem para trabalhar.

Com o reinício da partida, o jogo voltou fervendo. Ambos os times estavam dispostos a vencer naquela noite. A tensão era tamanha que um dos jogadores até tentou "cavar" um pênalti contra o time de Nico.

A jogada era claramente falsa, porém, o bandeirinha viu o garoto

piscando para o companheiro de equipe dele quando o juiz interrompeu a partida perguntando se era grave e se necessitava de ajuda médica.

Aquela SONEGAÇÃO, uma atividade antiesportiva, considerada um "jeitinho brasileiro", foi imediatamente refutada pelo juiz, que acabou levantando o cartão vermelho ao jogador.

– O que você fez? – questionou um companheiro ao colega expulso. – Agora nós vamos perder.

Uma confusão iniciou-se dentro do campo. Nem mesmo os constantes apitos do juiz foram capazes de frear os ânimos. O jogo já estava parado havia um tempo, e o técnico do time adversário tentava acalmar os jogadores dele. O foco era tamanho no que acontecia no gramado que ninguém viu quando uma mulher invadiu o campo e caminhou até os jogadores.

Parada, ela colocou as mãos na cintura e disse em um tom bem alto e sério:

– Gustavo, levante-se agora.

– Mãeeeeee?!?! – respondeu o garoto que fingiu o pênalti. – Mas eu...

– Shiuuuu. Você não vai dizer mais nada, a não ser um sincero pedido de desculpas aos seus colegas, aos adversários e aos torcedores que vieram nesta noite assistir a uma competição, e não a uma mentira – a mãe do garoto falou.

Em pé, Gustavo se desculpou e saiu do gramado para a partida retomar.

O jogo recomeçou com a posse de bola para o time de Nico. Artur foi quem a conduziu. E, bem no meio da grande área, em um empurra-empurra de jogadores, Nico a recebeu e chutou. Paulo imediatamente fechou os olhos quando o filho pegou a bola. Ele queria muito que completasse o chute que eles tanto treinaram, mas, por causa da emoção tão aflorada, não foi capaz de olhar, conseguindo apenas sentir a resposta vinda da arquibancada.

A torcida vibrava. Nico e os demais companheiros se jogaram no chão para comemorar aquele golaço de bicicleta.

Já Maria, Lelê e Titi não só viram aquele gol como também disseram que foram capazes de acompanhar em câmera lenta o movimento da bola – de tão incrível que foi o lance. Vô Amadeu, que, infelizmente, não pôde estar na final, acompanhava a transmissão ao vivo feita pela família durante o jogo.

Recuperado da emoção, Nico correu até bem perto de onde os familiares dele estavam posicionados e disse:

– Eu consegui! Eu consegui!

– Você conseguiu, filho – respondeu Paulo, orgulhoso do desempenho do filho e satisfeito porque, finalmente, compreendeu que o caminho que Nico iria trilhar no futebol seria lindo e nada o impediria de realizar o grande sonho dele: jogar uma Copa do Mundo.

No finzinho da partida, segundos antes de o juiz apitar anunciando a vitória do time de Nico, um rapaz que acompanhava de longe a família de Nico se aproximou:

– Vocês são os pais do Domênico Reis?

– Sim, o Nico, nosso filho – respondeu Maria.

– Acho que temos muito o que conversar – respondeu o homem, retirando do bolso um cartão de apresentação.

– Prazer, sou Chico. Estou em busca de talentos para as equipes de base do clube mais vitorioso do estado.

FIM

Professor Reinaldo Domingos é PhD pela Florida Christian University, com teses sobre Educação Financeira e Educação Empreendedora embasadas na **Metodologia DSOP** e no Método EMVI. É presidente da Associação Brasileira de Profissionais de Educação Financeira (ABEFIN). Educador e terapeuta financeiro, é autor com mais de 10 milhões de livros vendidos sobre o tema Educação Financeira, que contemplam o *long-seller Terapia financeira* e os livros *Por que enfrentamos crises e não estamos preparados?*; *Nome sujo pode ser a solução – quem não tem dívida, que atire a primeira pedra*; *Empreender vitorioso com sonhos e lucro em primeiro lugar*; *Mesada não é só dinheiro*; *Eu mereço ter dinheiro*; *Sabedoria financeira*; *Ter dinheiro não tem segredo* e *ABCD da Educação Financeira*.

Nos segmentos infantil e infantojuvenil, escreveu as obras da Coleção Turma do Nico: *O mistério da Praça Diamante*; *O enigma da Ladeira Prateada*; *O segredo da Vila Esmeralda*; *A charada da Escola Rubi*; *O sumiço na Biblioteca Safira*; *O colecionador de sonhos*; *A semente dos sonhos*; *A menina do rio* e *Diário dos sonhos* (PNLD 2022). Publicou, também, uma coleção com os personagens da Turma da Mônica: *Como cães e gatos* e *Visita à fazendinha*; e da Turma da Mônica Jovem: *O sumiço do Cebola* e *Sem sonhos*. É autor das séries O Menino do Dinheiro; *O Menino e o Dinheiro*; *O Menino do Dinheiro em Cordel* (PNLD 2018). No segmento internacional, publicou as obras *School Camp*; *The Garden*; *Journal of Dreams* e as séries Money Boy; *The Boy and the Money e Explorer*.

É autor de quatro Coleções Didáticas de Educação Financeira – *Sonhos*, *Diversão*, *O Menino do Dinheiro* e *Educação Financeira*. É coautor de *Juventude plural: projeto de vida*, obra de volume único, voltada para estudantes do Ensino Médio (PNLD 2021).

O autor publicou recentemente mais três novas obras: *Um passeio seguro: uma história sobre educação para o trânsito com Educação Financeira*, *O caminho para a escola: uma história sobre educação para o trânsito com Educação Financeira* e *Meu* pet *cabe no meu bolso*.